LA FEMME NOIRE
QUI REFUSA
DE SE SOUMETTRE
Rosa Parks

texte : Éric Simard
illustrations : Carole Gourrat

collection **Cadet**

Introduction

Rosa Parks est morte le 24 octobre 2005, à l'âge de 92 ans, mais je suis encore là. Du reste, je serai toujours là. Sur beaucoup de photos où elle apparaît. Souvent aussi dans son regard. Quand on se souviendra d'elle, on se souviendra de moi. Je suis le sourire de Rosa Parks et je vais vous relater son histoire.

Rosa est née le 4 février 1913 à Tuskegee, un village de l'État d'Alabama, dans le sud des États-Unis. Elle criait et pleurait comme tous les bébés. J'attendais sagement que les sourires de son père, de sa mère, m'invitent à éclore. Ses lèvres se sont étirées pour la première fois et je me suis élevé du cœur au visage en traversant ses peurs. On ne me prenait pas encore en photo à cette époque-là. Sa mère avait fait ses études à la campagne et était devenue enseignante. Son père était charpentier. Mais les expressions de joie que Rosa avait connues chez ses parents ont bientôt fait place à des nuages de colère. Sa mère et son père ne s'entendaient plus. Tant pis. D'autres sourires viendraient l'accueillir : ceux de ses grands-parents maternels chez qui sa mère s'est réfugiée. Puis celui d'un petit frère né dix mois après elle et prénommé comme son grand-père : Sylvester. Rosa et son frère avaient l'amour des leurs, mais leur famille n'était pas libre... car ils avaient la peau noire.

Le danger derrière la porte

— Rosa, va te coucher.
— Non. Je reste à côté de toi.
Rosa était blottie sur le sol près de son grand-père. Elle avait six ans. Il faisait nuit et on entendait parfois des cris dehors. On lui avait dit d'aller se coucher tout habillée au cas où il faudrait quitter la maison le plus vite possible. Mais au lieu d'aller au lit, elle avait rejoint son grand-père assis dans son rocking-chair près de la cheminée. Pas pour qu'il lui raconte des histoires... pour être à ses côtés quand les Blancs surgiraient dans la maison. Des Blancs qui tuaient les Noirs.
— Tu crois qu'ils vont venir ?
— Qui sait ? répondait le vieux Sylvester, son arme serrée contre lui. Je ne sais pas combien de temps je pourrai tenir, mais j'aurai le premier qui passera la porte.

Rosa attendait dans la pénombre, les yeux rivés sur l'entrée de la maison. Je la sentais trembler, mais pas paniquer.

Dans le Sud des États-Unis, à cette époque, la vie était un échiquier où les Blancs l'emportaient toujours, parce que les lois étaient établies par eux, pour eux. C'étaient des lois racistes. Les Noirs étaient pourchassés et tués s'ils n'acceptaient pas de se soumettre. En 1919, un grand nombre de ceux qui avaient combattu en Europe pendant la Première Guerre mondiale étaient rentrés chez eux en se comportant comme s'ils avaient désormais les mêmes droits que les Blancs. N'avaient-ils pas pris les mêmes risques pour servir leur pays ? Les Blancs ne l'acceptaient pas et faisaient régner la terreur.

Un jour, un enfant blanc a menacé de frapper Rosa. Elle a saisi une brique et s'est défendue. (Autant vous dire que dans ces cas-là, moi, son sourire, je disparaissais

de suite...). Le garçon n'a pas insisté. Quand Rosa a parlé de cet accrochage à sa grand-mère, celle-ci lui a dit :
— Si tu ne fais pas attention, tu finiras lynchée avant d'avoir vingt ans.

La grand-mère de Rosa avait peur que les Blancs tuent un jour sa petite-fille si elle se montrait trop rebelle. Lynchée... un des mots les plus horribles qui puissent sortir de la bouche des hommes. Un mot qui donne froid à l'âme. Se faire attraper par la foule et être battu à mort. Se faire pendre à un arbre, parce qu'on n'a pas obéi aux lois des Blancs. Rosa avait entendu parler de ces actes barbares. Elle connaissait aussi le nom de cette bande de criminels blancs qui organisaient les tueries et les lynchages : le Ku Klux Klan*. C'étaient eux que son grand-père guettait certains soirs, son arme à la main. Par chance, la maison de Rosa a échappé à leurs attaques.

Pourquoi tant de haine ?

chapitre 2

Les Blancs du Sud des États-Unis méprisaient tant les Noirs qu'ils avaient établi des lois pour les maintenir à l'écart de leur vie. Il y avait des églises pour les Blancs et des églises pour les Noirs, des restaurants pour les Blancs et des restaurants pour les Noirs, des cimetières pour les Blancs et des cimetières pour les Noirs. Qui pourra distinguer dans l'avenir la tombe d'un Noir de celle d'un Blanc ? N'est-ce pas étrange de séparer les êtres dans la mort, pour une différence de couleur que leurs os ignorent ?

Rosa a appris de sa famille d'où venaient ces lois humiliantes : pendant plus de trois cents ans, des Africains avaient été réduits en esclavage. Des négriers* les avaient échangés contre des marchandises et leur avaient fait traverser l'océan Atlantique dans leurs navires. Beaucoup étaient morts pendant le voyage. Ceux qui étaient parvenus vivants en Amérique avaient été vendus à des Blancs qui les avait obligés à travailler dans leurs plantations. Voilà la vérité. Il était une époque où on achetait et vendait des hommes, des femmes et des enfants noirs comme du bétail. Les grands-parents de Rosa avaient été esclaves dans leur jeunesse. Leur peau avait la couleur du désespoir. Heureusement pour Rosa, cinquante ans avant sa naissance, les états du Nord des États-Unis avaient fait la guerre aux états du Sud. Ils avaient remporté la victoire et aboli l'esclavage. Les Afro-Américains* devaient désormais être traités comme de vrais citoyens. Mais malgré cela, dans les états du Sud, le racisme et la ségrégation étaient toujours là. Et Rosa comprenait que les conditions de vie des Noirs dans sa région n'étaient finalement pas si différentes de celles qu'avaient connues ses grands-parents. Ceux-ci lui ont enseigné combien ses ancêtres avaient dû être forts pour endurer l'esclavage. Ils lui ont assuré que Dieu serait toujours avec elle et lui ont appris les prières qui fortifient la foi. Ils lui ont fait partager leurs rêves d'un monde meilleur basé sur l'égalité et la justice. En l'éduquant ainsi, ils espéraient qu'elle résisterait aux mots durs des enfant blancs.

« Sois fière d'être ce que tu es »

Le grand-père de Rosa, Sylvester, était très clair de peau car il était métis, fils d'un propriétaire blanc et d'une esclave noire. Il faisait partie de ces êtres qui étaient, par la force des choses, ni tout à fait d'un camp, ni tout à fait de l'autre, issus du brassage de deux cultures et de deux couleurs. Les circonstances de la vie ont décidé que Sylvester serait esclave. Mais dès que l'occasion se présentait, il profitait de la clarté de sa peau pour dérouter les Blancs. Il serrait la main à ceux qui ne le connaissaient pas et les appelait directement par leur nom, sans commencer par « monsieur » ou « madame ». Ces familiarités étaient interdites aux Noirs, et le grand-père de Rosa prenait à chaque fois un grand risque. Mais c'était plus fort que lui. Il fallait qu'il provoque les Blancs et rit d'eux dans leur dos.

Les enfants blancs et les enfants noirs étudiaient dans des écoles différentes. Celles des Blancs étaient construites avec l'argent public provenant des impôts des Blancs et des Noirs. Les Noirs, eux, devaient construire leurs propres écoles sans aucune aide. Des bus déposaient les enfants blancs devant leur établissement. Rosa et ses camarades noirs se déplaçaient à pied. Lorsque le bus les doublait, il arrivait que des enfants blancs leur lancent des ordures par les fenêtres. Les sourires sur leurs bouches étaient des sourires narquois, porteurs de mépris. Humiliation... toujours humiliation.

Le grand-père Sylvester désirait que ses descendants ne soient jamais les domestiques de Blancs. C'est pour cette raison qu'il a encouragé la maman de Rosa à suivre des études et à devenir enseignante, un métier qui impose le respect. Il répétait sans cesse à ses enfants et ses petits-enfants :

— N'acceptez jamais les traitements injustes, d'où qu'ils viennent. Ne baissez jamais les bras devant l'injustice.

De son grand-père, Rosa admirait la force et le courage. De sa grand-mère, la générosité. Sa mère croyait elle aussi dans la liberté et l'égalité.

— Sois fière d'être ce que tu es, disait-elle à Rosa. Deviens quelqu'un qui sera respecté par les autres et qui les respectera aussi. Il n'existe pas de lois qui nous obligent à souffrir.

Est-ce cette éducation qui a affermi le caractère de Rosa ? Toujours est-il que la petite fille a très tôt eu un sens aigu de ce qui était juste ou pas, digne ou pas.

Elle a aussi découvert que tous les Blancs n'étaient pas racistes, comme cette vieille dame qui visitait ses grands-parents et parlait longuement avec eux.

J'ai illuminé un jour le visage de Rosa dans une circonstance particulière : le propriétaire d'une plantation s'était arrêté chez ses grands-parents. Cet homme blanc n'accordait aucune attention à Rosa ou à son frère parce que les enfants noirs ne présentaient aucun intérêt pour lui. Ce jour-là, il était accompagné d'un soldat du Nord qui n'était pas raciste. Le soldat avait amicalement tapoté sur la tête de Rosa en disant qu'elle était une petite fille très mignonne. Le propriétaire blanc avait fait une de ces têtes! Le grand-père de Rosa, lui, avait bien ri.

Les études à Montgomery

chapitre 4

Rosa était une enfant à la santé fragile. Elle a appris à lire très tôt, à trois ou quatre ans, grâce à sa mère, et a gardé le goût de la lecture toute sa vie. Les élèves blancs allaient à l'école neuf mois dans l'année. Rosa, comme les autres élèves noirs, n'y restait que cinq mois parce qu'elle devait aider sa famille qui travaillait dans les champs.

Quand elle a été en âge de quitter son village, elle est partie pour Montgomery, la ville principale d'Alabama, afin d'y fréquenter une école réservée aux jeunes filles noires. Tous les chiens et tous les chats, qu'ils soient blancs, noirs, marron ou d'une autre couleur buvaient la même eau. Mais ce n'était pas le cas des humains. À Montgomery, certaines fontaines étaient réservées aux Blancs et d'autres aux Noirs. Celles des Blancs ont peut-être une couleur et un goût différents, pensait Rosa. Non, seules la haine et la discrimination empêchaient les hommes de boire ensemble, de vivre ensemble, de s'amuser et de rire ensemble. Comme si les sourires étaient différents selon la couleur des lèvres qui les dessinent.

Rosa a souvent interrompu ses études pour s'occuper de sa grand-mère ou de sa mère quand celles-ci tombaient malades. Peu importe. Elle mettrait le temps qu'il faudrait, mais elle obtiendrait son diplôme. Dans sa nouvelle école, elle a continué à apprendre ce que sa famille lui enseignait : qu'elle était une personne digne de respect, qu'elle pouvait être ambitieuse et obtenir ce qu'elle voulait dans la vie. Malgré les dangers, elle n'hésitait pas à riposter lorsque des jeunes Blancs la provoquaient, ce qui inquiétait fortement ses proches. Moi aussi, je l'avoue...

Rosa épouse Raymond Parks

Quand Rosa a rencontré Raymond Parks pour la première fois, elle avait dix-huit ans, lui vingt-huit. Elle l'a d'abord évité, car elle trouvait que ce Noir avait la peau bien claire. Elle détestait trop les Blancs pour aimer un homme qui leur ressemblait. Mais peu à peu, elle s'est laissé apprivoiser. Raymond Parks travaillait comme barbier à Montgomery et lui non plus n'acceptait pas les lois racistes. Il militait dans l'« Association pour l'Avancement des Gens de Couleur » et risquait pour cela d'être battu ou tué par des Blancs.

J'étais un sourire de bonheur quand Parks a demandé à la mère de Rosa la main de sa fille. Un sourire pour la vie. Un sourire à un homme qui l'aimait et qui partageait ses convictions. Rosa et Raymond se sont mariés en décembre 1932.

J'étais un sourire de satisfaction et de fierté quand Rosa a obtenu son diplôme de fin d'école l'année suivante, à l'âge de vingt ans. Peu de Noirs avaient alors cet honneur. Mais les emplois que Rosa a trouvés ne correspondaient pas du tout à son niveau d'études. Elle a dû travailler comme couturière.

Les années se sont écoulées. J'en ai eu, des occasions de me montrer. Parce que la vie est remplie de moments de bonheur, d'espoir, même quand d'autres vous rabaissent, vous répètent que vous êtes inférieure à cause de votre couleur. Parce que le sourire, c'est l'arme et la richesse du pauvre. Quand ils se transforment en rire par la magie de la fête, il faut voir ceux des Noirs, éclatants. Et quand le malheur éteint tout, il reste aux gorges noires la force poignante de mélodies à fendre l'âme. (Avez-vous déjà écouté la chanson *Strange Fruit* interprétée par Billie Holiday?)

Couturière et militante

chapitre 6

Depuis 1870, les lois américaines accordaient aux citoyens afro-américains le droit de vote. Cependant, dans les états du Sud, à cause de la ségrégation, peu d'entre eux étaient inscrits sur les listes d'électeurs.

À 30 ans, Rosa a tenté pour la première fois de s'inscrire sur ces listes. Sa démarche n'était pas simple. Mais grâce à sa ténacité, elle a réussi. Quel soulagement et quelle fierté quand elle a déposé pour la première fois son bulletin de vote dans l'urne !

La même année, elle a assisté à une assemblée de l'association où militait son mari. Comme elle était la seule femme présente, on lui a proposé de devenir la secrétaire. Secrétaire ! Rosa ne s'y attendait pas. Elle aurait préféré être invisible ou même se réfugier dans un trou de souris. Elle aurait pu refuser, mais voilà... Rosa était trop timide pour dire non. Timide... Ça peut paraître bizarre pour quelqu'un qui ne se laisse pas marcher sur les pieds. Mais c'était tout Rosa : un mélange de détermination, d'humilité et de simplicité. Eh oui ! Il m'arrivait d'être le sourire derrière lequel elle se cachait. Rosa n'était pas payée pour ce travail, mais elle l'aimait. Elle voulait tellement faire avancer les choses. Quand des Noirs innocents étaient exécutés par la justice des Blancs, le découragement l'envahissait. Il fallait pourtant continuer, faire savoir aux Blancs que les Noirs n'accepteraient plus longtemps d'être traités comme des citoyens de seconde classe.

En 1941, les États-Unis d'Amérique se sont engagés dans la Seconde Guerre mondiale. Je peux vous assurer que les sourires se sont vite éclipsés quand les fils et les maris sont partis combattre en Europe et dans le Pacifique. Certains soldats afro-américains ont eu des amies blanches et se sont même mariés à des femmes françaises, italiennes ou anglaises. L'Histoire s'est répétée : nombre d'entre eux, de retour au pays, n'ont plus supporté les lois racistes. Ainsi, Sylvester, le frère de Rosa, a préféré déménager dans un état du Nord, car il savait qu'il y serait mieux respecté.

Année après année, Rosa s'activait toujours autant dans l'association où elle militait. En 1955, on lui a proposé de suivre une formation dans un état situé au nord de l'Alabama. Pendant ce séjour, Blancs et Noirs se parlaient d'égal à égal. Certains Blancs préparaient même le bacon frit et le café pour les Noirs... chose qui était inconcevable dans l'état où elle était née. Pour la première fois, Rosa a senti sa haine envers les Blancs s'apaiser.

De retour à Montgomery, elle a dû reprendre son travail de couturière sous le joug* des lois qui l'humiliaient. Toujours obéir. Toujours baisser la tête. Ce qui devait arriver arriva. Un jour, elle a refusé de se soumettre. Et ce jour-là, je peux vous dire que j'étais dans mes petits souliers.

Le 1er décembre 1955, Rosa dit non au règlement des Blancs

chapitre 7

En 1955, à Montgomery, une des lois les plus méprisantes que subissait la communauté noire concernait les places dans les bus. Les quatre premiers rangs étaient réservés aux Blancs. Les Noirs étaient relégués vers les sièges du fond. Ils avaient le droit de s'asseoir dans la zone centrale mais seulement si les Blancs ne manquaient pas de place. Dans le cas contraire, ils devaient céder leur siège aux Blancs et rejoindre le fond du bus. Mais ce n'était pas tout : les Noirs devaient payer le trajet à l'avant du bus, puis redescendre et remonter par la porte arrière pour s'installer aux places qui leur étaient imposées. En 1943, Rosa avait déjà refusé d'obéir à ce règlement, et un chauffeur l'avait obligée à sortir du bus. D'autres Noirs, hommes ou femmes, se sont rebellés eux aussi, mais rien ne changeait.

Le 1er décembre 1955, dans son empressement à rentrer chez elle après sa journée de travail, Rosa ne s'est

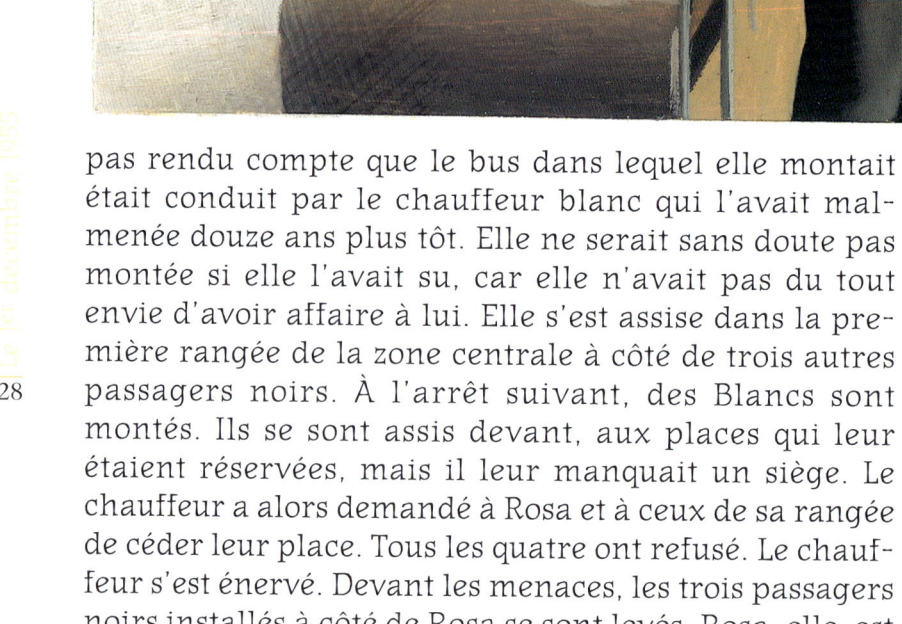

pas rendu compte que le bus dans lequel elle montait était conduit par le chauffeur blanc qui l'avait malmenée douze ans plus tôt. Elle ne serait sans doute pas montée si elle l'avait su, car elle n'avait pas du tout envie d'avoir affaire à lui. Elle s'est assise dans la première rangée de la zone centrale à côté de trois autres passagers noirs. À l'arrêt suivant, des Blancs sont montés. Ils se sont assis devant, aux places qui leur étaient réservées, mais il leur manquait un siège. Le chauffeur a alors demandé à Rosa et à ceux de sa rangée de céder leur place. Tous les quatre ont refusé. Le chauffeur s'est énervé. Devant les menaces, les trois passagers noirs installés à côté de Rosa se sont levés. Rosa, elle, est restée assise. Elle en avait assez de se soumettre. J'ai senti le vent de la révolte gronder dans sa poitrine. Le chauffeur lui a dit :

— Je vais vous faire arrêter.

– Vous n'avez qu'à le faire, a-t-elle répondu.

Le conducteur est sorti du bus et a attendu la police pendant quelques minutes. Des passagers noirs connaissaient Rosa, mais aucun n'est intervenu pour l'aider. Elle essayait de ne pas penser à ce qui pouvait arriver et se répétait que Dieu la soutiendrait. Tout était possible. On pouvait la brutaliser, la frapper. J'entendais son cœur battre, fort, très fort, comme lorsqu'elle fixait, enfant, à côté de son grand-père, la porte par où les Blancs pouvaient surgir. Avoir enfin dit non ! Après tant d'années de vexation et d'humiliation, d'obéissance à des lois qui l'obligeaient à vivre tête baissée. Des chaînes se brisaient du fond des siècles. Tout un peuple se redressait. Si je n'étais pas sur ses lèvres, j'étais à coup sûr sur les visages de ses ancêtres. Quand le chauffeur est remonté accompagné de deux agents de police, Rosa a demandé :

– Pourquoi tant de persécutions ?

Un policier a répondu :
— Je l'ignore, mais la loi est la loi et je vous arrête.

Certains ont dit que Rosa était si fatiguée ce jour-là qu'il lui était impossible de bouger les pieds. Mais ce n'est pas aux pieds que Rosa avait mal. C'était dans son cœur d'être humain. Elle en avait assez de toujours suivre les ordres des Blancs.

Les policiers l'ont interrogée. Elle a été conduite en prison, où elle a enfin pu téléphoner à Raymond et à sa mère. Elle n'était pas terrorisée, juste prête à accepter ce qu'elle devrait affronter. Finalement, elle a été relâchée pendant la soirée, mais elle devait se présenter au tribunal le lundi suivant pour y être jugée.

Le boycott des bus

chapitre 8

Pendant le week-end, des tracts ont été affichés et distribués afin que tous les Afro-Américains de Montgomery sachent que l'une des leurs avait été arrêtée pour avoir refusé de céder sa place à un Blanc. On parla de l'affaire dans la presse et dans les églises, ces églises qui représentaient tant pour les Noirs. Ils y communiaient et priaient ensemble, soudés contre l'adversité. Le lundi, la quasi-totalité de la communauté afro-américaine, fatiguée des lois racistes, décida de boycotter les bus. Quelle surprise pour Rosa ! Tant de monde pour la soutenir ! Le soir même, elle s'est rendue à son procès, entourée d'une multitude de sympathisants. Elle a été jugée coupable de désordre public et de violations des lois locales et condamnée à dix dollars d'amende, plus quatre dollars pour les frais du jugement, ce qui représentait à l'époque une somme importante. Tout ça pour ne pas avoir cédé sa place à un Blanc. Aussitôt, une foule considérable s'est réunie dans une église. Impressionnée, Rosa a préféré rester silencieuse. Un jeune pasteur de Montgomery a parlé à la tribune, d'une voix claire et exaltée. Ce qu'il a dit a touché l'assistance, tant et si bien qu'à sa demande de poursuivre le boycott*, la foule tout entière a répondu oui. Ce pasteur noir de vingt-six ans s'appelait Martin Luther King. Il était inconnu des Américains, mais son nom n'allait pas tarder à faire la une des journaux.

Sitôt après la condamnation de Rosa, ses avocats ont fait appel. Rosa était une femme honnête, intègre et sans reproche. La presse contrôlée par les Blancs ne pouvait rien trouver pour la salir. Seule sa peau noire était responsable de ce qui lui arrivait. En portant l'affaire devant de plus hautes cours de justice, ses défenseurs espéraient que les lois racistes de Montgomery pourraient être modifiées, peut-être même cassées.

Pendant le boycott, les Noirs partaient au travail à pied ou en vélo. Il fallait voir ces hommes et ces femmes se lever très tôt le matin et marcher sur des kilomètres. Jour après jour, le mouvement s'organisait. Les taxis privés appartenant à des Afro-Américains prenaient des usagers à un tarif égal à celui des bus. Cela n'a toutefois pas empêché beaucoup de gens de perdre leur travail. Par solidarité, des sympathisants envoyaient des habits et des chaussures qui étaient aussitôt distribués. Quand la police a commencé à arrêter les chauffeurs de taxi qui baissaient leurs prix, les paroisses ont acheté des véhicules pour les remplacer. Finalement, trente mille personnes ont pu être transportées chaque jour, tandis que les bus de la ville restaient pratiquement vides. Les unes après les autres, les lignes ont dû être arrêtées, ce qui a posé un grave problème pour les commerces de Montgomery. Les Blancs, exaspérés, devenaient de plus en plus agressifs. En janvier 1956, des maisons comme celles de Martin Luther King ont été dynamitées. En février, quatre-vingt-neuf personnes dont Rosa ont été accusées d'organiser le mouvement, mais on les a laissées libres jusqu'à leur jugement. Le 13 novembre 1956, la Cour suprême* des États-Unis a enfin cassé les lois qui établissaient une ségrégation dans les bus. Cette décision a été écrite... noir sur blanc. C'est dans l'acceptation des différences que les humains s'épanouissent. Noir sur blanc comme les iris sombres qui s'inscrivent sur le blanc des yeux... pour donner à voir toute la richesse du monde.

Le 20 décembre, après trois cent quatre-vingt-un jours de boycott, la communauté noire est remontée dans les bus, soulagée et fière de son succès. Je vous assure que si on avait mis tous leurs sourires bout à bout, ceux des enfants, des femmes, des hommes, on aurait pu faire dix fois le tour de la ville !

Cette victoire marqua le début du recul des lois racistes dans toutes les villes du sud des États-Unis.

La mère du mouvement des droits civiques

Après le succès du boycott, Rosa, son mari et sa mère étaient trop exposés aux menaces des Blancs. Ils ont quitté Montgomery pour rejoindre Detroit, une ville du nord des États-Unis. Inlassable, Rosa a continué à témoigner dans de nombreuses écoles, églises et organisations de l'action des Afro-Américains. Elle a participé à de grandes manifestations, souvent en retrait, car les hommes à cette époque jouaient les premiers rôles.

En 1964 et 1965, deux lois importantes ont enfin garanti aux Noirs leur dignité au sein de la société américaine. Un homme, notamment, a été l'artisan de cette victoire : Martin Luther King, le jeune pasteur qui avait dirigé le boycott des bus de Montgomery. Cet homme hors du commun basait sa démarche sur la non-violence. Mais, le 4 avril 1968, il fut assassiné. Il avait trente-huit ans. Un Blanc l'a tué d'un coup de fusil. Le meurtrier a versé le sang du leader noir, un sang rouge, de la même couleur que le sien...

Rosa m'a enterré, si profondément que j'ai cru que j'allais étouffer. Mais la vie l'emporte toujours...

À Detroit, Rosa a pu quitter son emploi de couturière et travailler pour un homme politique dont elle partageait les idées. Elle a créé une organisation pour aider les jeunes et leur donner espoir dans le futur. Elle n'avait pas mis d'enfants au monde, mais elle considérait tous ceux de la terre comme les siens.

Les sourires des enfants sont mes frères éternels.

Ses dernières années ont été très difficiles. Elle a notamment eu des difficultés à payer son loyer et a dû faire appel à son Église pour que le propriétaire arrête les poursuites judiciaires.

Quoi qu'il arrive, j'étais toujours là, en elle.

Avec le temps, les gens ont fait d'elle un symbole : la « mère du mouvement des droits civiques ». Elle a reçu de nombreuses distinctions des mains des plus grandes personnalités.

Qui aurait pu croire, ce premier jour de décembre 1955, qu'une humble couturière noire de quarante-deux ans allait déclencher, par son refus courageux, un changement profond dans la vie sociale de son pays ?

Beaucoup de progrès ont été réalisés depuis cette date, mais Rosa était consciente que, si des lois protégeaient désormais les Noirs, le racisme restait toujours aussi violent. Jusqu'au bout, elle a encouragé l'amour et la fraternité, incitant les gens à dépasser l'incompréhension et l'adversité pour vivre en paix.

Et moi, son sourire, je suis là, sur tant de photos d'elle... comme un arc-en-ciel sur des clichés noir et blanc.

Vocabulaire

Afro-Américains :
Nom donné aux Américains d'origine africaine.

Boycott :
Refus d'acheter un produit ou d'utiliser un service payant afin de montrer son mécontentement.

Cour suprême :
Cour de justice américaine qui a pour charge de vérifier si les lois ou les actions du gouvernement sont conformes à la Constitution américaine.

Ku Klux Klan :
Nom donné à un ensemble d'associations américaines prônant la suprématie des Blancs, s'opposant au mouvement des droits civiques et à l'égalité sociale et politique des Afro-Américains.

Négrier :
Commerçant européen qui vivait du trafic des esclaves noirs entre l'Afrique et l'Amérique.

Ségrégation :
Politique qui consiste à tenir à l'écart certaines personnes en raison de leur origine, de la couleur de leur peau, de leur religion, etc.

Sous le joug :
Sous la domination

documents

Les Noirs aux États-Unis : de l'esclavage à la ségrégation

Vente aux enchères d'esclaves noirs aux États-Unis au XIXe siècle.
Les premiers esclaves noirs arrivèrent en Amérique au début du XVIIe siècle. Ils étaient le plus souvent employés dans des plantations ou comme domestiques. Mais, au cours du XIXe siècle, les États du Nord s'opposèrent à l'esclavage et donc aux États du Sud, esclavagistes. La guerre de Sécession éclata (1861-1865). Les États du Nord remportèrent la victoire. En décembre 1865, l'esclavage fut constitutionnellement aboli sur tout le territoire. Puis, en 1868 et 1870, les 14e et 15e amendements garantirent les droits civiques des Noirs, et leur égalité devant la loi avec les Blancs fut votée. Toutefois, les états du Sud n'acceptèrent pas cette égalité proclamée et prirent des mesures qui permirent de ne pas la respecter dans les États du Sud.

C'est dans ce bus que Rosa Parks refusa de céder sa place à un homme blanc, comme la loi l'y obligeait. En effet, malgré l'abolition de l'esclavage, une interprétation de la Constitution avait permis de maintenir les Noirs dans une situation d'infériorité. La ségrégation raciale existait partout : dans le domaine de l'éducation (écoles pour Noirs, écoles pour Blancs), dans les parcs publics (où il était écrit *White Only*, « Réservé aux Blancs »), dans les transports en commun, les hôpitaux, les restaurants et même sur les listes électorales. Le refus de Rosa Parks déclencha chez les Noirs américains un mouvement de revendication des droits civiques qui allait définitivement changer leur sort.

documents

Rosa Parks et le mouvement pour les droits civiques

Rosa Parks prise en photo dans la rue le 21 décembre 1956, après que la Cour suprême eut déclaré les lois ségrégationnistes de l'Alabama illégales. Cette décision survient au terme d'un boycott de 382 jours, par la communauté noire de Montgomery, de la compagnie de bus qui pratiquait une ségrégation entre les Noirs et les Blancs.

Cette photo de Martin Luther King a été prise au moment de la marche sur Washington (28 août 1963), manifestation pacifique à l'issue de laquelle il prononça son fameux discours « *I have a dream…* » Il y exprimait sa volonté de vivre dans une Amérique fraternelle où Blancs et Noirs se retrouveraient unis et libres. Ce pasteur s'est en effet battu toute sa vie, de manière non-violente, pour obtenir des réformes qui garantissent les droits civiques des Noirs américains. Il fut assassiné le 4 avril 1968, à Memphis, alors qu'il préparait une marche de soutien à des ouvriers noirs de la ville.

Dans la collection BENJAMIN :

Avec chaque livre, un CD pour écouter l'histoire lue par Caroline Ducey.

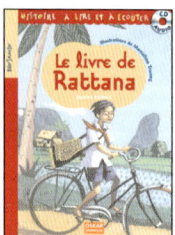

Le livre de Rattana
Pheng a pris à sa cousine, Rattana, un très beau livre que le maître de celle-ci lui avait prêté jusqu'au lendemain… Il ressent du remord, et sa grande sœur, Arouny, va l'aider à réparer sa faute.
Écrit par Jeanne Failevic et illustré par Marcelino Truong.
ISBN : 2-35000-061-3

L'oncle américain d'Achille Pellisson
Lors d'un voyage à New York, avec sa mère, Achille se met à la recherche de son oncle Américain. Ils finissent par trouver l'oncle américain d'Achille. Surprise : celui-ci est noir…
Écrit par Didier Lévy et illustré par Blexbolex.
ISBN : 2-35000-060-5

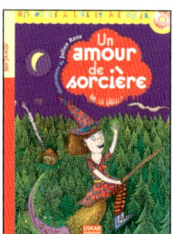

Un amour de sorcière
Sandy la petite sorcière sera-t-elle la plus belle au bal du manoir ?
Écrit par Mymie Doinet et illustré par Julien Rosa.
ISBN : 2-35000-042-7

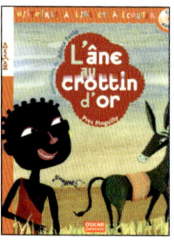

L'âne au crottin d'or
Orphelin à 13 ans, Farara hérite d'un anneau d'or et d'un vieil âne… qui vont changer sa vie.
Écrit par Yves Pinguilly et illustré par Africa Fanlo.
ISBN : 2-35000-043-5

Les autres titres de la collection CADET :

Les soldats qui ne voulaient plus se faire la guerre
Le récit émouvant
d'une fraternisation entre soldats
ennemis à Noël 1914…
*Un roman historique
d'Éric Simard,
illustré par Nathalie Girard.*
ISBN : 2-35000-045-1

L'esclave du fleuve des fleuves
L'histoire de Gaoussou, un jeune
Africain enlevé,
avec celle qu'il aime, pour être vendu
comme
esclave aux Antilles.
*Écrit par Yves Pinguilly et illustré par
Arnaud Floc'h.*
ISBN : 2-35000-054-0

**Les sanglots longs
des violons de la mort**
Le témoignage émouvant
et fort de Violette Jacquet,
violoniste à l'orchestre
des femmes d'Auschwitz
où elle fut déportée à 17 ans.
*Écrit par Violette Jacquet
et Yves Pinguilly.
Illustré par Marcelino Truong.*
ISBN : 2-35000-044-3

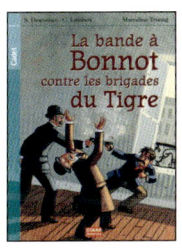

**La bande à Bonnot
contre les brigades du Tigre**
L'histoire vraie de Jules Bonnot
et de sa bande, groupe
de criminels anarchistes dans
la France de la Belle Époque.
*Écrit par Stéphane Descornes
et Christophe Lambert.
Illustré par Marcelino Truong.*
ISBN : 2-35000-055-9

Conception et réalisation éditoriale : Oslo éditions
Texte : Eric Simard
Illustrations : Carole Gourrat
Conception graphique, direction artistique : Raphaël Hadid
Relecture : Philippe Garnier

p. 42 © Collection Roger Viollet
p. 43 © Roger Viollet / The Image Works
p. 44 © Bettmann / Corbis
p. 45 © Corbis / Collection Hulton- Deutsch

Publié par les éditions Oskarson (Oskar jeunesse)
21, avenue de la Motte Piquet – 75007 Paris
Tél. : +33 (0)1 47 05 58 92 / Fax : +33 (0)1 44 18 06 41
E-mail : info.oskar@wanadoo.fr
© Oslo éditions, 2006
ISBN : 2-35000-056-7
Dépôt légal : mars 2006
Imprimé en Slovaquie
Photogravure : Solution Open Source Group